손자녀를 세우는
손글씨 기도

손자녀를 세우는
손글씨
기도

© 생명의말씀사 2024

2024년 1월 29일 1판 1쇄 발행

펴낸이 | 김창영
펴낸곳 | 생명의말씀사

등록 | 1962. 1. 10. No.300-1962-1
주소 | 서울시 종로구 경희궁1길 6 (03176)
전화 | 02)738-6555(본사) · 02)3159-7979(영업)
팩스 | 02)739-3824(본사) · 080-022-8585(영업)

지은이 | 곽상학 · 이도복

기획편집 | 이주나
디자인 | 조현진
인쇄 | 영진문원
제본 | 다온바인텍

ISBN 978-89-04-17220-7 (03230)

저작권자의 허락 없이 이 책의 일부 또는 전체를
무단 복제, 전재, 발췌하면 저작권법에 의해 처벌을 받습니다.

손자녀를 세우는
손글씨 기도

손자녀에게 물려줄 신앙 유산
조부모, 기도를 쓰다

곽상학 · 이도복

생명의말씀사

사랑하는 손자녀
_____ 를(을) 위한
손글씨 기도

시작한 날   .   .   .
끝맺은 날   .   .   .

목차

이렇게 활용해 보세요   08
들어가는 글   10

1. 하나님을 사랑하는 손자녀   14
2. 예수님의 사랑을 누리는 손자녀   18
3. 성령님의 충만을 힘입는 손자녀   22
4. 말씀의 은혜를 경험하는 손자녀   26
5. 믿음이 성장하는 손자녀   30
6. 감사가 넘치는 손자녀   34
7. 기쁨을 발견하는 손자녀   38
8. 건강한 자존감을 지닌 손자녀   42
9. 전인적인 강건함을 누리는 손자녀   46
10. 작은 성취에 감격하는 손자녀   50
11. 하나님의 꿈을 꾸는 손자녀   54
12. 하나님의 지혜로 세상을 바라보는 손자녀   58
13. 열정과 꾸준함을 가진 손자녀   62
14. 선한 영향력을 전하는 손자녀   66
15. 긍정적인 생각과 건강한 성품의 손자녀   70
16. 하나님 말씀을 경청하는 손자녀   74
17. 상대방을 배려하는 손자녀   78
18. 책임감으로 끝까지 완주하는 손자녀   82
19. 창의적으로 문제를 해결하는 손자녀   86
20. 절제의 열매를 드리는 손자녀   90

21. 정직함으로 흔들리지 않는 손자녀　94
22. 좋은 목회자를 만나는 손자녀　98
23. 믿음의 선배와 교제하는 손자녀　102
24. 믿음의 친구와 성장하는 손자녀　106
25. 복된 가정을 이루는 손자녀　110
26. 하나님과 이웃을 사랑하는 손자녀　114
27. 하나님의 전신 갑주를 입는 손자녀　118
28. 진리의 허리띠를 굳게 맨 손자녀　122
29. 의의 호심경으로 견고한 손자녀　126
30. 평안의 복음이 준비한 신을 신은 손자녀　130
31. 믿음의 방패로 든든한 손자녀　134
32. 구원의 투구를 쓴 손자녀　138
33. 성령의 검을 가진 손자녀　142
34. 여호와가 목자이심을 고백하는 손자녀　146
35. 쉴 만한 물가로 인도받는 손자녀　150
36. 영혼이 소생하는 은혜를 경험하는 손자녀　154
37. 주의 지팡이와 막대기가 안위하시는 손자녀　158
38. 잔의 기름이 넘치는 손자녀　162
39. 평생에 선하심과 인자하심이 따르는 손자녀　166
40. 여호와의 집에 영원히 거하는 손자녀　170

이렇게 활용해 보세요

1. 가장 먼저, 시간의 십일조를 준비합니다.

우리 삶의 전부이신 주님께 시간의 십일조를 드리는 마음으로, 하루 중 가장 좋은 시간을 마련하고 『손자녀를 세우는 손글씨 기도』를 폅니다.

2. 말씀을 묵상하고 필사하며 마음을 정돈합니다.

가장 먼저 하나님이 주신 약속의 말씀 세 구절을 서너 번 읽습니다. 그 말씀을 붙잡고 읊조리며, 오른쪽 페이지에 정성스레 나의 손글씨로 옮겨 쓰고 묵상합니다.

3. 사랑하는 손자녀를 생각하며 기도를 드립니다.

'손자녀를 세우는 기도문'을 읽고, 소중한 손자녀의 이름을 넣어 부르며 살아계신 하나님께 기도드립니다.

4. 손자녀를 위한 기도를 필사합니다.
믿고 구하는 자에게 주실 것을 믿으며, 오른쪽 공간에 한 글자 한 글자 기도를 따라 쓰며 더 깊은 기도로 나아갑니다.

5. 더 드리고 싶은 나의 기도를 씁니다.
하나님의 임재 가운데 머물며, 이 기도문을 토대로 더 드리고 싶거나 새롭게 생각나는 나의 기도를 하단에 써 봅니다.

6. 자녀, 손주들과 기도를 공유하고 은혜를 나눕니다.
말씀 필사와 기도 필사를 마친 후에는 자녀들에게 카카오톡 메시지와 사진으로 공유하며 오늘 주신 은혜를 풍성히 나눕니다.

들어가는 글

　이제는 손자녀를 보는 것 자체가 매우 귀한 시대가 되었습니다. "보라 자식들은 여호와의 기업이요 태의 열매는 그의 상급이로다"(시 127:3)라는 말씀과 같이 손자녀는 하나님의 가장 귀한 상급이요, 선물입니다. 조부모의 신앙이 대대에 이르러 손자녀에게 흘러가는 것은 최고의 축복임이 분명합니다.
　조부모가 손자녀를 위해 기도하며 얹는 손은 하나님의 축복이 흘러가는 통로입니다. 손자녀를 향한 조부모의 기도는 응답으로 돌아올 것입니다. 조부모의 간증은 곧 손자녀의 간증이 될 것입니다. 하나님은 마침내 손자녀를 하나님의 사람으로 세워 주실 것입니다.
　이러한 간절한 소원과 마음을 담아 손자녀를 향한 기도를 한 글자씩 써 내려갔습니다. 손자녀를 위한 다양한 기도 제목을 선정하고 기도하면서 많은 눈물을 흘렸습니다. 조부모의 내리사랑이 느껴졌기 때문이고, 하나님의 마음을 조금이나마 깨달았기 때문입니다.

    손자녀가 살아갈 인생에서 갈피와 굴곡이 없을 수는 없겠지요. 그러나 그 길목마다 조부모의 이 기도가 먼저 가 있기를 바랍니다. 손자녀를 향한 기대나 염려를 기도로 바꾸어, 조부모의 손길이 다 닿을 수 없는 곳에 이 기도가 닿기를 바랍니다. 『손자녀를 세우는 손글씨 기도』에 담긴 말씀과 기도를 시작으로 가정마다 아름다운 기도의 변주곡이 울려 퍼지기를 소망합니다.

"기도가 아침의 열쇠가 되고 저녁의 자물쇠가 되게 하라." _ 매튜 헨리

"인생 후반부에 들어서야 기도가 무엇인지 제대로 알았다.
기도 말고는 달리 도리가 없었다." _ 팀 켈러

곽상학 • 이도복

손자녀를 세우는
손글씨 기도

1. 하나님을 사랑하는 손자녀

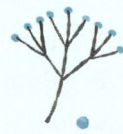

나의 힘이신 여호와여 내가 주를 사랑하나이다
시편 18편 1절

하나님이 이르시되 그가 나를 사랑한즉 내가 그를 건지리라
그가 내 이름을 안즉 내가 그를 높이리라
시편 91편 14절

대답하여 이르되 네 마음을 다하며 목숨을 다하며
힘을 다하며 뜻을 다하여 주 너의 하나님을 사랑하고
또한 네 이웃을 네 자신 같이 사랑하라 하였나이다
누가복음 10장 27절

　　　　　　　　　　　　　　　　　　　년　　월　　일

나의 힘이신 여호와여 내가 주를 사랑하나이다

시편 18편 1절

나의 손글씨로 따라 써 보세요

사랑하는 손자녀가
하나님을 온 맘 다해 사랑하게 하소서.

하나님 만나기를 기쁨으로 여기며
하나님 찬양하기를 최고의 가치로 믿으며
하나님 묵상하기를 행복의 근원으로 삼아
하나님을 가장 사랑한다고 고백하게 하소서.
다윗처럼 마음을 다하여, 에스더처럼 목숨을 다하여
사도바울처럼 힘을 다하여, 다니엘처럼 뜻을 다하여
하나님을 사랑하는 삶으로 인도하소서.

자신을 사랑할 줄 알되, 자기중심적이지는 않아
상대방의 감정을 이해하는 공감 능력과
구체적인 사랑을 실천하는 용기를 주소서.
무엇보다 예수님이 몸소 보이신
사랑과 섬김의 본을 따르게 하소서.

우리를 사랑하셔서 모든 것을 내어 주신
예수님의 이름으로 기도합니다. 아멘.

사랑하는 손자녀가

하나님을 온 맘 다해 사랑하게 하소서.

나의 손글씨로 따라 써 보세요

2. 예수님의 사랑을 누리는 손자녀

날마다 우리 짐을 지시는 주
곧 우리의 구원이신 하나님을 찬송할지로다
시편 68편 19절

그러므로 우리가 믿음으로 의롭다 하심을 받았으니
우리 주 예수 그리스도로 말미암아 하나님과 화평을 누리자
로마서 5장 1절

하나님의 약속은 얼마든지 그리스도 안에서 예가 되니
그런즉 그로 말미암아 우리가 아멘 하여
하나님께 영광을 돌리게 되느니라
고린도후서 1장 20절

년   월   일

나의 손글씨로 따라 써 보세요

사랑하는 손자녀가
예수님의 사랑받는 자녀임을 고백하게 하소서.

예수님의 성품을 닮게 하셔서
지혜와 키가 균형 있게 성장하게 하시고
주님의 온유하심을 더욱 닮아
안정감 있게 자라게 하소서.

예수님이 허락하신 구원의 감격을 놓치지 않고
마음과 삶에 품으며 다윗과 같이 노래하며
이웃에게 전하는 삶을 살게 하소서.

손자녀 인생의 순간순간마다
예수님과 동행함을 감격하며 고백하게 하시고
결국 예수님이 나의 모든 것 되심을 믿으며
'아멘'으로 화답하게 하소서.

구원을 허락하시고 화평을 누리게 하시는
예수님의 이름으로 기도합니다. 아멘.

나의 손글씨로 따라 써 보세요

3. 성령님의 충만을 힘입는 손자녀

그는 진리의 영이라 세상은 능히 그를 받지 못하나니
이는 그를 보지도 못하고 알지도 못함이라
그러나 너희는 그를 아나니 그는 너희와 함께 거하심이요
또 너희 속에 계시겠음이라
요한복음 14장 17절

이와 같이 성령도 우리의 연약함을 도우시나니
우리는 마땅히 기도할 바를 알지 못하나
오직 성령이 말할 수 없는 탄식으로 우리를 위하여 친히 간구하시느니라
로마서 8장 26절

우리 안에 거하시는 성령으로 말미암아 네게 부탁한 아름다운 것을 지키라
디모데후서 1장 14절

년   월   일

나의 손글씨로 따라 써 보세요

사랑하는 손자녀가
우리를 도우시는 보혜사 성령님과
삶의 모든 순간마다 동행하게 하소서.

성령과 믿음이 충만하여
사람과 이웃에게 착한 사람이 되게 하시고
손자녀를 통해 큰 무리가 주님께 돌아오는
믿음의 역사를 허락하여 주소서.

손자녀의 믿음을
굳건하게 하시는 성령 하나님,
진리의 영으로 오셔서 거짓을 분별하게 하시고
지혜의 영으로 이끄셔서 하나님을 아는 마음을 부으소서.

우리 안에 거하시는 성령님의 역사로
사랑하는 손자녀의 삶에
아름다운 일들이 나타나고 드러나게 하소서.

하나님의 말씀을 가르치시고 생각나게 하시는
예수님의 이름으로 기도합니다. 아멘.

나의 손글씨로 따라 써 보세요

4. 말씀의 은혜를 경험하는 손자녀

내가 주의 법을 어찌 그리 사랑하는지요
내가 그것을 종일 작은 소리로 읊조리나이다
시편 119편 97절

우리가 다 하나님의 아들을 믿는 것과 아는 일에 하나가 되어
온전한 사람을 이루어
그리스도의 장성한 분량이 충만한 데까지 이르리니
에베소서 4장 13절

누구든지 그의 말씀을 지키는 자는
하나님의 사랑이 참으로 그 속에서 온전하게 되었나니
이로써 우리가 그의 안에 있는 줄을 아노라
요한일서 2장 5절

_____ 년   월   일

나의 손글씨로 따라 써 보세요

사랑하는 손자녀에게

말씀을 사모하며 주야로 묵상하는 은혜를 주소서.

진리의 말씀인 성경을 가장 가까이하여

어느 때일지라도 말씀에서 답을 얻게 하소서.

진리의 말씀을 지키기 위해 흔들리지 않는 용기를

은혜의 말씀을 받기 위해 사모하는 간절함을

능력의 말씀을 누리기 위해 기도하는 균형을 부어 주소서.

말씀의 은사를 허락하셔서

말씀을 올바로 이해할 수 있는 지혜를

말씀을 많이 암송할 수 있는 지식을 부어 주셔서

은혜의 자리에 늘 거하게 하소서.

말씀을 들을 때 손자녀의 마음을 활짝 열게 하셔서

그리스도의 장성한 분량에 이르는

생명력 넘치는 그리스도인 되게 하소서.

말씀이 육신이 되어 우리 가운데 거하시는

예수님의 이름으로 기도합니다. 아멘.

나의 손글씨로 따라 써 보세요

5. 믿음이 성장하는 손자녀

만군의 여호와여 주께 의지하는 자는 복이 있나이다
시편 84편 12절

이는 내가 육신으로는 떠나 있으나 심령으로는 너희와 함께 있어
너희가 질서 있게 행함과 그리스도를 믿는 너희 믿음이
굳건한 것을 기쁘게 봄이라
골로새서 2장 5절

그러므로 우리가 흔들리지 않는 나라를 받았은즉
은혜를 받자 이로 말미암아 경건함과 두려움으로
하나님을 기쁘시게 섬길지니
히브리서 12장 28절

년   월   일

나의 손글씨로 따라 써 보세요

사랑하는 손자녀가
믿음의 진보가 매일 일어나
시온의 대로가 펼쳐지는 삶이 되게 하소서.

출애굽한 백성에게 펼쳐진 종려나무 70주처럼
믿음의 거목이 되어
쉼과 회복을 누리고 전하게 하소서.
하나님의 성전 건축에 쓰인 백향목처럼
믿음이 단단하고 굳건하게 하셔서
결코 변하지 않는 믿음의 소유자가 되게 하소서.

예수님이 칭찬하신 믿음의 사람들처럼
겨자씨 같은 믿음으로 산을 옮기며,
물 위를 걸으신 주님의 부르심에 순종하며
시대를 변화시키는 믿음의 용사로 인도하소서.

세상을 따라가지 않고 오직 믿음으로 살겠다는 결단이
흔들리지 않게 하소서.
날마다 우리에게 믿음을 허락하시는
예수님의 이름으로 기도합니다. 아멘.

나의 손글씨로 따라 써 보세요

6. 감사가 넘치는 손자녀

좋은 것으로 네 소원을 만족하게 하사

네 청춘을 독수리 같이 새롭게 하시는도다

시편 103편 5절

그의 백성을 인도하여

광야를 통과하게 하신 이에게 감사하라

그 인자하심이 영원함이로다

시편 136편 16절

다니엘이 이 조서에 왕의 도장이 찍힌 것을 알고도

자기 집에 돌아가서는 윗방에 올라가

예루살렘으로 향한 창문을 열고 전에 하던 대로

하루 세 번씩 무릎을 꿇고 기도하며 그의 하나님께 감사하였더라

다니엘 6장 10절

년   월   일

나의 손글씨로 따라 써 보세요

사랑하는 손자녀가 어떤 상황에서도
감사를 발견하고 고백하게 하소서.

불평과 불안과 두려움을 말하는 시대에서
감사의 보화를 찾는 지혜를 허락하시고
감사의 능력을 경험하는 사람으로 인도하소서.

아침에 일어날 때, 새 하루를 주신 하나님께 감사하며
일상을 살아갈 때, 동행하시는 예수님께 감사하며
하루를 마무리할 때, 위로하시는 성령님께 감사하여
하루가 감사로 채워졌음을 발견하게 하소서.

감사를 헤아릴 수 있는 지혜를 주셔서
과거에 베푸신 일을 감사하고
오늘 역사하시는 은혜에 감사하며
미래에 예비하실 소망에 감사하여
아름다운 감사의 여정이 되게 하소서.

감사의 제목을 날마다 새롭게 부어 주시는
예수님의 이름으로 기도합니다. 아멘.

나의 손글씨로 따라 써 보세요

7. 기쁨을 발견하는 손자녀

주께서 내 마음에 두신 기쁨은
그들의 곡식과 새 포도주가 풍성할 때보다 더하니이다
시편 4편 7절

여호와의 속량함을 받은 자들이 돌아오되 노래하며 시온에 이르러
그들의 머리 위에 영영한 희락을 띠고 기쁨과 즐거움을 얻으리니
슬픔과 탄식이 사라지리로다
이사야 35장 10절

너의 하나님 여호와가 너의 가운데에 계시니
그는 구원을 베푸실 전능자이시라
그가 너로 말미암아 기쁨을 이기지 못하시며
너를 잠잠히 사랑하시며 너로 말미암아
즐거이 부르며 기뻐하시리라 하리라
스바냐 3장 17절

년 월 일

나의 손글씨로 따라 써 보세요

사랑하는 손자녀에게 기쁨과 즐거움으로
주님을 섬기는 은혜를 부어 주소서.

곡식과 새 포도주가 풍성할 때보다
하나님으로 인한 기쁨이 넘치게 하시고
외양간에 송아지가 없을지라도
오직 여호와로 인하여 기뻐하는 마음을 주소서.

손자녀의 닫힌 삶의 문들이 환하게 열리게 하시고
찬송과 말씀의 능력으로
슬픔이 바뀌고 탄식이 변화되는
놀라운 능력을 힘입게 하소서.

구원을 베푸실 전능자 하나님이
사랑하는 손자녀를 향한 기쁨을 이기지 못하시며
잠잠히 사랑하시며 즐거이 부르시며 기뻐하시는
하나님이심을 고백하게 하소서.

모든 기쁨과 즐거움의 이유이신
예수님의 이름으로 기도합니다. 아멘.

나의 손글씨로 따라 써 보세요

8. 건강한 자존감을 지닌 손자녀

영접하는 자 곧 그 이름을 믿는 자들에게는
하나님의 자녀가 되는 권세를 주셨으니
요한복음 1장 12절

옳다 인정함을 받는 자는 자기를 칭찬하는 자가 아니요
오직 주께서 칭찬하시는 자니라
고린도후서 10장 18절

너희가 전에는 백성이 아니더니 이제는 하나님의 백성이요
전에는 긍휼을 얻지 못하였더니 이제는 긍휼을 얻은 자니라
베드로전서 2장 10절

년 월 일

나의 손글씨로 따라 써 보세요

사랑하는 손자녀가
자신이 하나님의 사랑받는
은혜의 자녀임을 깨닫게 하소서.

예수님이 하나님으로부터 들으신,
"너는 내 사랑하는 아들이라 내가 너를 기뻐하노라"라는
이 사랑의 음성이 손자녀의 귓가에도
명확하고 분명하게 들리게 하소서.

예상하지 못한 어려움과 난관을 맞아도
흔들리지 않는 견고한 자존감으로
다시 회복하고 일어설 용기를 허락하소서.

하나님께 사랑받는 자녀가 얼마나 아름다운지
예수님께 칭찬받는 자녀가 얼마나 든든한지
성령님과 동행하는 자녀가 얼마나 행복한지
삶에서 증거하며 선포하는 손자녀가 되게 하소서.

우리를 언제나 사랑하시고 인정해 주시는
예수님의 이름으로 기도합니다. 아멘.

나의 손글씨로 따라 써 보세요

9. 전인적인 강건함을 누리는 손자녀

너는 마음을 다하여 여호와를 신뢰하고 네 명철을 의지하지 말라
너는 범사에 그를 인정하라 그리하면 네 길을 지도하시리라
잠언 3장 5-6절

여호와의 말씀이니라 너희를 향한 나의 생각을 내가 아나니
평안이요 재앙이 아니니라
너희에게 미래와 희망을 주는 것이니라
예레미야 29장 11절

사랑하는 자여 네 영혼이 잘됨 같이
네가 범사에 잘되고 강건하기를 내가 간구하노라
요한삼서 1장 2절

년   월   일

나의 손글씨로 따라 써 보세요

사랑하는 손자녀가
전인격적인 은혜를 누리며
마음과 몸과 영이 균형 있는 성장을 이루게 하소서.

연약한 생각에서 속히 일어날 힘을 주시고
죄악 된 길에 서지 않는 결단을 주시며
오만한 자의 길에 앉지 않는 분별을 주셔서
늘 복 있는 사람으로 말씀을 붙들며 살게 하소서.

하나님의 은총을 받은 손자녀가
두려워하는 마음이 아닌 평안으로
염려하는 마음이 아닌 능력과 사랑과 절제로
강건한 길을 걸어가게 하소서.

손자녀의 속사람을 능력으로 강건하게 덧입혀 주시고
사랑 가운데 뿌리가 박히고 터가 굳어져서
하나님의 모든 충만하심으로 가득하게 하소서.

영혼이 잘됨 같이 범사에 잘되고 강건케 하시는
예수님의 이름으로 기도합니다. 아멘.

나의 손글씨로 따라 써 보세요

10. 작은 성취에 감격하는 손자녀

내가 네게 명령한 것이 아니냐
강하고 담대하라 두려워하지 말며 놀라지 말라 네가 어디로 가든지
네 하나님 여호와가 너와 함께 하느니라 하시니라
여호수아 1장 9절

일을 행하시는 여호와, 그것을 만들며 성취하시는 여호와,
그의 이름을 여호와라 하는 이가 이와 같이 이르시도다
예레미야 33장 2절

우리가 선을 행하되 낙심하지 말지니
포기하지 아니하면 때가 이르매 거두리라
갈라디아서 6장 9절

년   월   일

나의 손글씨로 따라 써 보세요

사랑하는 손자녀가
삶의 중요한 과제를 만날 때
성취의 기쁨을 맛보게 하소서.

일상에서 작은 성공을 자주 경험하게 하시고
그 성취가 자신이 아닌 하나님으로부터 내려옴을
입술로 시인하며 고백하는 믿음을 주소서.

혹여 실패를 경험할지라도
다시 도전할 수 있는 용기와 담대함을 주시고
낙심하지 않게 하셔서 포기하지 않을 때
반드시 거두게 하시는 주님을 신뢰하게 하소서.

모든 상황 속에서 하나님의 보이지 않는 손을 바라보며
하나님의 능력의 손을 찬양하며
하나님의 일하심을 풍성히 경험함으로
모든 것이 하나님 은혜임을 선포하게 하소서.

모든 일을 행하시고 성취하시는
예수님의 이름으로 기도합니다. 아멘.

나의 손글씨로 따라 써 보세요

11. 하나님의 꿈을 꾸는 손자녀

나의 영혼아 잠잠히 하나님만 바라라
무릇 나의 소망이 그로부터 나오는도다
시편 62편 5절

하나님이 이 네 소년에게 학문을 주시고 모든 서적을 깨닫게 하시고
지혜를 주셨으니 다니엘은 또 모든 환상과 꿈을 깨달아 알더라
다니엘 1장 17절

그러므로 내 사랑하는 형제들아
견실하며 흔들리지 말고 항상 주의 일에 더욱 힘쓰는 자들이 되라
이는 너희 수고가 주 안에서 헛되지 않은 줄 앎이라
고린도전서 15장 58절

년　　월　　일

나의 손글씨로 따라 써 보세요

사랑하는 손자녀에게
꿈과 비전을 주시고
생각이 확장되며 열리게 하소서.

다니엘과 세 친구에게 부어 주신
지혜와 명철과 학문의 넓은 이해를 주셔서
손자녀가 하나님의 지혜를 닮게 인도하소서.

하나님의 경이로우신 창의성을 본받아
늘 새로운 시선으로 바라보게 하시고
창조적인 사고와 지혜가 빛나게 하소서.

문제와 상황의 흐름을 조망하는 넓은 시야와
작은 것에 흔들리지 않는 비전을 품게 하소서.
잇사갈 자손의 리더 200명이 시세를 알고
모든 형제를 통솔하는 리더십을 발휘한 것처럼
겸손의 리더십, 섬김의 리더십을 갖추게 하소서.

깨닫게 하시고 더 높은 곳을 바라보게 하시는
예수님의 이름으로 기도합니다. 아멘.

나의 손글씨로 따라 써 보세요

12. 하나님의 지혜로 세상을 바라보는 손자녀

그러므로 누구든지 나의 이 말을 듣고 행하는 자는
그 집을 반석 위에 지은 지혜로운 사람 같으리니
마태복음 7장 24절

깊도다 하나님의 지혜와 지식의 풍성함이여,
그의 판단은 헤아리지 못할 것이며 그의 길은 찾지 못할 것이로다
로마서 11장 33절

너희의 순종함이 모든 사람에게 들리는지라
그러므로 내가 너희로 말미암아 기뻐하노니
너희가 선한 데 지혜롭고 악한 데 미련하기를 원하노라
로마서 16장 19절

년   월   일

나의 손글씨로 따라 써 보세요

사랑하는 손자녀에게
지혜로우신 예수님을 닮아
반석 위에 집을 짓는 은혜를 주소서.

다니엘의 담대한 지혜를 닮아
우상의 길을 선택하지 않고
믿음의 길, 은혜의 길을 선택할 때
반드시 함께하시는 하나님의 손길을 보게 하소서.

솔로몬과 같이 듣는 마음을 구하게 하셔서
선악을 분별할 수 있는 능력을 주시고
솔로몬에게 더하신 지혜와 총명의 은혜를 받아
하나님을 위해 값지게 쓰게 하소서.

하늘의 빛과 같이 빛나는 인생이 되며
복음을 전할 때 사람의 말과 지혜로 하지 않고
성령님의 지혜로 전하게 하소서.

선한 데 지혜롭게 하시는
예수님의 이름으로 기도합니다. 아멘.

나의 손글씨로 따라 써 보세요

13. 열정과 꾸준함을 가진 손자녀

이는 남은 자가 예루살렘에서 나오며
피하는 자가 시온 산에서 나올 것임이라
만군의 여호와의 열심이 이를 이루시리이다
이사야 37장 32절

좋은 땅에 있다는 것은 착하고 좋은 마음으로
말씀을 듣고 지키어 인내로 결실하는 자니라
누가복음 8장 15절

주께서 너희 마음을 인도하여 하나님의 사랑과
그리스도의 인내에 들어가게 하시기를 원하노라
데살로니가후서 3장 5절

년　월　일

나의 손글씨로 따라 써 보세요

사랑하는 손자녀가
자신에게 주어진 일을 포기하지 않으며
끝까지 인내로 나아가게 하소서.
사도바울의 고백처럼 복음을 위하여 선한 열심을 품는
끈기와 도전의 사람으로 인도하소서.

하나님과 이웃을 향한 사랑의 열매를,
예배와 경건의 자리를 지키는 충성의 열매와
절제의 열매를 더 많이 맺게 하소서.

적극적인 태도와 책임감을 갖게 하시고
달려갈 길과 주 예수께 받은 사명을
영화롭게 완주하는 믿음의 길을 걷게 하소서.

무슨 일을 할 때 자신의 열심으로 하지 않고
여호와의 열심이 결국 이루심을 보게 하셔서
하나님의 비밀의 경륜을 발견하는 영광을 누리게 하소서.

아침마다 인자하시며 밤마다 성실을 베푸시는
예수님의 이름으로 기도합니다. 아멘.

나의 손글씨로 따라 써 보세요

14. 선한 영향력을 전하는 손자녀

여호와는 선하시며 환난 날에 산성이시라
그는 자기에게 피하는 자들을 아시느니라
나훔 1장 7절

너희는 이 세대를 본받지 말고 오직 마음을 새롭게 함으로 변화를 받아
하나님의 선하시고 기뻐하시고 온전하신 뜻이 무엇인지 분별하도록 하라
로마서 12장 2절

우리 주 예수 그리스도로 말미암아
우리에게 승리를 주시는 하나님께 감사하노니
고린도전서 15장 57절

년   월   일

나의 손글씨로 따라 써 보세요

사랑하는 손자녀가
자신의 자리에서 무릎을 꿇는 신앙을 갖게 하소서.
느헤미야처럼 민족과 나라의 아픔에
기도의 손을 모으며 눈물을 흘리게 하소서.

자신의 능력을 과신하지 않으며
하나님의 선하신 손의 능력을 앞세우며
승리의 노래를 부르며 행진하도록 인도하소서.

말과 행동과 마음이 예수님을 닮게 하셔서
어려운 일일지라도 뒤로 물러서지 않고
다른 사람에게 힘과 용기와 선한 영향력을
전하는 주님의 사람이 되게 하소서.

이 세대를 본받지 않으며 마음을 새롭게 함으로
하나님의 선하시고 기뻐하시고 온전하신 뜻을
분별하여 행하는 믿음의 손자녀가 되게 하소서.

환난 날에 산성이 되시는
예수님의 이름으로 기도합니다. 아멘.

나의 손글씨로 따라 써 보세요

15. 긍정적인 생각과 건강한 성품의 손자녀

오직 여호와의 종 모세가 너희에게 명령한 명령과 율법을
반드시 행하여 너희의 하나님 여호와를 사랑하고
그의 모든 길로 행하며 그의 계명을 지켜 그에게 친근히 하고
너희의 마음을 다하며 성품을 다하여 그를 섬길지니라 하고

여호수아 22장 5절

주는 나의 도움이 되셨음이라
내가 주의 날개 그늘에서 즐겁게 부르리이다

시편 63편 7절

주 여호와여 주는 나의 소망이시요 내가 어릴 때부터 신뢰한 이시라

시편 71편 5절

년   월   일

나의 손글씨로 따라 써 보세요

사랑하는 손자녀의 마음에
부정적 생각과 상처들이 사라지고
매사에 밝고 긍정적인 생각으로 가득하게 하소서.
하나님의 거룩하신 손길로 회복이 일어나
눈을 들어 하나님이 행하실 큰 일을 바라보게 하소서.

하나님의 형상대로 지음받은 손자녀가
하나님의 아름다운 성품을 닮아가고
건강한 몸과 마음으로 성장하게 하소서.
거룩하신 하나님을 신뢰하고 부모에게 순종하며
인내와 용기와 책임감을 갖게 하소서.

하나님을 진실로 사랑하는
믿음의 사람이 되게 하시고,
긍정적인 생각과 건강한 성품으로
이웃과 세상을 향해 그리스도의 향기를 전하는
거룩한 인생을 사는 손자녀가 되게 하소서.

온유하고 겸손하신
예수님의 이름으로 기도합니다. 아멘.

나의 손글씨로 따라 써 보세요

16. 하나님 말씀을 경청하는 손자녀

여호수아가 이스라엘 자손에게 이르되

이리 와서 너희의 하나님 여호와의 말씀을 들으라 하고

여호수아 3장 9절

여호와여 나의 부르짖음이 주의 앞에 이르게 하시고

주의 말씀대로 나를 깨닫게 하소서

시편 119편 169절

또 어려서부터 성경을 알았나니

성경은 능히 너로 하여금 그리스도 예수 안에 있는 믿음으로 말미암아

구원에 이르는 지혜가 있게 하느니라

디모데후서 3장 15절

년   월   일

나의 손글씨로 따라 써 보세요

사랑하는 손자녀가
말씀을 듣고 읽을 때마다 깨닫는 지혜를 주시고
그 말씀을 기준 삼아 인생을 살게 하소서.

이 세상을 하나님의 말씀으로 창조하신 것처럼
손자녀도 하나님 말씀 안에서 날마다 성장하게 하소서.
하나님의 말씀을 사랑하고 경청하게 하소서.

손자녀의 걸음걸음마다 말씀의 빛을 비추시고
생명의 말씀이신 예수님과 동행하게 하소서.
진리 안에서 진정한 자유를 맛보게 하시고
말씀으로 위로받고 힘을 얻게 하소서.

음란한 세대 속에서 하나님의 말씀으로 무장하게 하시고
악한 세상에서 손자녀의 믿음이 흔들리지 않게 하소서.
방황하는 영혼에게 빛이 되는
복음의 삶을 살게 하소서.

말씀을 통해 형통케 하시는
예수님의 이름으로 기도합니다. 아멘.

나의 손글씨로 따라 써 보세요

17. 상대방을 배려하는 손자녀

하나님이 솔로몬에게 지혜와 총명을 심히 많이 주시고
또 넓은 마음을 주시되 바닷가의 모래 같이 하시니
열왕기상 4장 29절

그는 정직한 자를 위하여 완전한 지혜를 예비하시며
행실이 온전한 자에게 방패가 되시나니
잠언 2장 7절

누가 누구에게 불만이 있거든 서로 용납하여 피차 용서하되
주께서 너희를 용서하신 것 같이 너희도 그리하고
골로새서 3장 13절

년 월 일

나의 손글씨로 따라 써 보세요

사랑하는 손자녀가
하나님이 주신 가족 공동체를 통해
배려와 존중을 배우게 하시고
경쟁심과 이기심으로 가득한 세상 속에서
주님의 사랑을 베푸는 손자녀가 되게 하소서.

억울하고 불리한 상황 속에서도
손자녀에게 주님의 마음을 부어 주셔서
기꺼이 이해하고 용납하게 하소서.

겉으로 보이는 모습보다 내면을 소중히 여기고
다른 이의 지친 마음까지도 어루만지는
따뜻한 손자녀, 따뜻한 그리스도인 되게 하소서.

매 순간 옳고 그름을 분별하게 하시고
상황에 맞는 지혜로운 말과 온전한 행실로
하나님과 사람들에게 기쁨이 되게 하소서.

온전한 사랑을 보여주신
예수님의 이름으로 기도합니다. 아멘.

나의 손글씨로 따라 써 보세요

18. 책임감으로 끝까지 완주하는 손자녀

그러므로 우리가 낙심하지 아니하노니 우리의 겉사람은 낡아지나
우리의 속사람은 날로 새로워지도다
고린도후서 4장 16절

그리스도는 하나님의 집을 맡은 아들로서 그와 같이 하셨으니
우리가 소망의 확신과 자랑을 끝까지 굳게 잡고 있으면 우리는 그의 집이라
히브리서 3장 6절

너희 믿음의 확실함은 불로 연단하여도 없어질 금보다 더 귀하여
예수 그리스도께서 나타나실 때에
칭찬과 영광과 존귀를 얻게 할 것이니라
베드로전서 1장 7절

년   월   일

나의 손글씨로 따라 써 보세요

사랑하는 손자녀에게
금보다도 귀한 믿음을 주셔서
이 땅에 손자녀를 보내신 뜻을 따라 살게 하소서.

힘든 상황에 처하거나 고난을 당할 때라도
낙심하거나 낙망하지 않게 하시고
주님 주시는 힘으로 일어서게 하소서.

하나님이 주신 소명을 가슴에 품고
책임감과 인내를 가지고
주어진 믿음의 경주를 힘있게 완주하게 하소서.

예수님이 이루신 십자가 사랑을 기억하며
이 세상의 유혹과 풍조를 따라 살지 않고
세상을 변화시키는 믿음의 자녀로 살게 하소서.
천국에 대한 확실한 소망을 가지고
주님의 강한 군사로 승리하게 하소서.

오늘도 힘과 용기를 주시는
예수님의 이름으로 기도합니다. 아멘.

나의 손글씨로 따라 써 보세요

19. 창의적으로 문제를 해결하는 손자녀

너희는 너희의 하나님 여호와를 따르며 그를 경외하며 그의 명령을 지키며
그의 목소리를 청종하며 그를 섬기며 그를 의지하며
신명기 13편 4절

여호와는 나의 반석이시요 나의 요새시요 나를 건지시는 이시요
나의 하나님이시요 내가 그 안에 피할 나의 바위시요
나의 방패시요 나의 구원의 뿔이시요 나의 산성이시로다
시편 18편 2절

우리는 그가 만드신 바라
그리스도 예수 안에서 선한 일을 위하여 지으심을 받은 자니
이 일은 하나님이 전에 예비하사
우리로 그 가운데서 행하게 하심이니라
에베소서 2장 10절

　　　　　　　　　　　　　　　　　　　　　　　　　　년　　월　　일

나의 손글씨로 따라 써 보세요

사랑하는 손자녀가
문제보다 더 크신 하나님을 의지함으로
모든 인생 문제가 하늘의 지혜로 풀리는 경험을 하게 하소서.
긍정적이고 창의적인 생각을 갖게 하시고
크고 작은 문제들을 해결할 수 있는
지혜와 명철을 주소서.

하나님 안에서 꿈과 비전을 품게 하시고
하나님의 영광을 위해 쓰임받게 하소서.
어디를 가든지 무엇을 하든지 동행하여 주시고
요셉처럼 형통한 삶을 살게 하소서.

집중력과 문제해결력을 주셔서
주어진 일에 최선을 다하고
배우는 일에 열정을 갖고 성장하게 하소서.
하나님의 크고 놀라운 섭리를
찬양하고 기뻐하는 주의 자녀 되게 하소서.

구하는 자에게 후히 주시는
예수님의 이름으로 기도합니다. 아멘.

나의 손글씨로 따라 써 보세요

20. 절제의 열매를 드리는 손자녀

여호와 앞에 잠잠하고 참고 기다리라

자기 길이 형통하며 악한 꾀를 이루는 자 때문에 불평하지 말지어다

시편 37편 7절

하나님이 우리에게 주신 것은 두려워하는 마음이 아니요

오직 능력과 사랑과 절제하는 마음이니

디모데후서 1장 7절

그러나 너희는 택하신 족속이요 왕 같은 제사장들이요

거룩한 나라요 그의 소유가 된 백성이니

이는 너희를 어두운 데서 불러 내어 그의 기이한 빛에 들어가게 하신 이의

아름다운 덕을 선포하게 하려 하심이라

베드로전서 2장 9절

년   월   일

나의 손글씨로 따라 써 보세요

사랑하는 손자녀가
하나님이 허락하신 모든 것을
지혜롭게 누리고 절제하며 살게 하소서.

말과 행동을 조절할 힘을 주시고,
감정에 치우친 경솔한 결정을 피하게 하소서.
예수님의 사랑과 인내를 기억하며
오래 참음을 본받게 하소서.

하나님이 주신 능력과 사랑과 절제로
주님의 선하심을 본받아 살게 하소서.
손자녀의 삶에 성령의 열매가 맺혀서
복음이 확장되고 하나님의 영광이 나타나게 하소서.

영원한 것에 가치를 두고 소망을 품으며
하나님의 소유 된 백성으로
주님의 아름다운 덕을 선포하며 살게 하소서.

참된 평안을 주시는
예수님의 이름으로 기도합니다. 아멘.

나의 손글씨로 따라 써 보세요

21. 정직함으로 흔들리지 않는 손자녀

내가 평안히 눕고 자기도 하리니
나를 안전히 살게 하시는 이는 오직 여호와이시니이다
시편 4편 8절

하나님이여 내 속에 정한 마음을 창조하시고
내 안에 정직한 영을 새롭게 하소서
시편 51편 10절

사람의 행위가 자기 보기에는 모두 정직하여도
여호와는 마음을 감찰하시느니라
잠언 21장 2절

년   월   일

나의 손글씨로 따라 써 보세요

사랑하는 손자녀의 마음을
깨끗하게 씻어 주시고 새롭게 하사
악한 생각과 잘못된 가치관이 들어가지 않게 하소서.

신실한 믿음을 가진 자로서 흔들리지 않게 하시고
매 순간 정직을 선택하여 칭찬과 인정을 받게 하소서.
거짓과 어둠의 영이 틈타지 못하도록 지켜 주시고
진리와 빛이신 예수님이 다스려 주소서.

세상의 헛되고 거짓된 행복에 속지 않게 하시고
참된 평안과 행복을 간절히 찾게 하소서.
진실한 믿음의 친구들을 만나게 하시고
주 안에서 함께 다듬어지고 성장하게 하소서.

정직한 영으로 새롭게 하셔서
거짓과 슬픔과 억눌림이 사라지고
참된 자유와 기쁨을 마음껏 누리게 하소서.

날마다 소망을 주시는
예수님의 이름으로 기도합니다. 아멘.

나의 손글씨로 따라 써 보세요

22. 좋은 목회자를 만나는 손자녀

지혜 있는 자는 궁창의 빛과 같이 빛날 것이요

많은 사람을 옳은 데로 돌아오게 한 자는

별과 같이 영원토록 빛나리라

다니엘 12장 3절

내가 교회의 일꾼 된 것은 하나님이 너희를 위하여

내게 주신 직분을 따라 하나님의 말씀을 이루려 함이니라

골로새서 1장 25절

하나님의 말씀을 너희에게 일러 주고

너희를 인도하던 자들을 생각하며

그들의 행실의 결말을 주의하여 보고 그들의 믿음을 본받으라

히브리서 13장 7절

년   월   일

나의 손글씨로 따라 써 보세요

사랑하는 손자녀에게 만남의 축복을 주셔서
어디를 가든지 믿음의 사람들을 만나게 하시고
주 안에서 깊은 사랑의 교제를 나누게 하소서.

대인관계 속에 진실과 사랑이 있게 하시고
따뜻한 관계가 유지되게 하소서.
신앙의 롤모델로 삼을 좋은 목회자를 만나게 하시고
앎과 삶이 일치하는 목회자를 보면서
자신을 돌아보고 겸손히 배우게 하소서.

교회와 공동체 안에서 선한 일꾼으로 세워 주시고
목회자를 기도로 섬기며 돕게 하소서.
많은 사람을 하나님께로 인도하며
빛나는 별과 같이 하늘의 지혜로 충만하게 하소서.

하나님의 계시를 보는 영적인 눈을 열어 주시고
진리를 옳게 분별하는 영을 허락하소서.

선한 목자이신
예수님의 이름으로 기도합니다. 아멘.

나의 손글씨로 따라 써 보세요

23. 믿음의 선배와 교제하는 손자녀

내가 그리스도를 본받는 자가 된 것 같이
너희는 나를 본받는 자가 되라
고린도전서 11장 1절

하나님이 우리를 구원하사 거룩하신 소명으로 부르심은
우리의 행위대로 하심이 아니요 오직 자기의 뜻과 영원 전부터
그리스도 예수 안에서 우리에게 주신 은혜대로 하심이라
디모데후서 1장 9절

형제들아 너희는 함께 나를 본받으라
그리고 너희가 우리를 본받은 것처럼
그와 같이 행하는 자들을 눈여겨 보라
빌립보서 3장 17절

년 월 일

나의 손글씨로 따라 써 보세요

사랑하는 손자녀가
인생을 살아가면서
믿음의 스승과 선배를 만나게 하소서.

고민과 갈등이 있을 때 찾아가 마음을 나눌
따뜻하고 현명한 믿음의 사람들을 만나게 하소서.
진실한 교제를 통해 마음에 위로와 힘을 얻고
인격이 다듬어지고 전인적인 성장이 일어나며
매일 일용할 하늘의 양식으로 영적 축복을 누리게 하소서.

손자녀의 삶에서 경험한 은혜를 나누며
하나님의 놀라우신 역사와 섭리를 고백하게 하소서.

믿음의 공동체 안에서 함께 하나님을 예배하고
예수님의 마음을 본받는 손자녀 되게 하소서.
훗날 후배에게 나를 본받으라고 말할 수 있는
믿음의 선배, 좋은 스승 되게 하소서.

우리를 변함없이 사랑해 주시는
예수님의 이름으로 기도합니다. 아멘.

나의 손글씨로 따라 써 보세요

24. 믿음의 친구와 성장하는 손자녀

내 안에 거하라 나도 너희 안에 거하리라
가지가 포도나무에 붙어 있지 아니하면
스스로 열매를 맺을 수 없음 같이
너희도 내 안에 있지 아니하면 그러하리라
요한복음 15장 4절

즐거워하는 자들과 함께 즐거워하고 우는 자들과 함께 울라
로마서 12장 15절

그러므로 우리는 예수로 말미암아
항상 찬송의 제사를 하나님께 드리자
이는 그 이름을 증언하는 입술의 열매니라
히브리서 13장 15절

년　월　일

나의 손글씨로 따라 써 보세요

사랑하는 손자녀가
악한 친구들과의 사귐을 거부하게 하시고
진정한 친구이신 예수님을 꼭 붙잡게 하소서.

믿음이 좋은 친구를 만나게 하시고
이들과 우정을 쌓고 성장해 가며
친구를 위해 진심으로 기도하는 중보자가 되게 하소서.

서로를 경쟁 상대로 생각하지 않고
장점을 발견하고 세워 주며
하나님이 보여 주시는 꿈과 비전을 발견하고
응원하고 도전하는 관계가 되게 하소서.

도움을 구하는 친구들의 손을 기꺼이 잡아 주며
하나님의 말씀을 실천하는 용기를 주시고,
믿음의 이야기를 함께 써 내려갈
좋은 친구를 만나게 하소서.

우리를 친구라 불러 주신
예수님의 이름으로 기도합니다. 아멘.

나의 손글씨로 따라 써 보세요

25. 복된 가정을 이루는 손자녀

네 자녀에게 부지런히 가르치며
집에 앉았을 때에든지 길을 갈 때에든지
누워 있을 때에든지 일어날 때에든지 이 말씀을 강론할 것이며
신명기 6장 7절

그런즉 너는 알라 오직 네 하나님 여호와는 하나님이시요
신실하신 하나님이시라 그를 사랑하고 그의 계명을 지키는 자에게는
천 대까지 그의 언약을 이행하시며 인애를 베푸시되
신명기 7장 9절

거기 곧 너희의 하나님 여호와 앞에서 먹고 너희의 하나님 여호와께서
너희의 손으로 수고한 일에 복 주심으로 말미암아
너희와 너희의 가족이 즐거워할지니라
신명기 12장 7절

년   월   일

나의 손글씨로 따라 써 보세요

사랑하는 손자녀가
가정이라는 울타리 속에서
몸과 마음이 건강하고 안정감 있게 자라게 하소서.
부모의 헌신을 통해 하나님의 사랑을 깨닫게 하시고,
조부모의 지혜를 통해 하나님의 인애를 깨닫게 하소서.

어른을 존경하며 권위에 순종하는 법을 배우게 하시고
가정은 서로가 소중히 가꾸어야 하는 정원임을 알게 하소서.
하나님의 다스리심 안에서
즐거움을 누리는 주님의 가정 되게 하소서.

하나님 말씀을 기준으로 삼고
하나님을 예배하는 믿음의 가정 되게 하소서.
가정의 크고 작은 기도 제목에 응답하여 주시고
손자녀 양육에 필요한 지혜와 물질을 채워 주소서.
성령님의 인도하심과 보호하심에 감사하고
서로에게 쉼과 힘을 주는 가정 되게 하소서.

우리 가정의 주인이신
예수님의 이름으로 기도합니다. 아멘.

나의 손글씨로 따라 써 보세요

26. 하나님과 이웃을 사랑하는 손자녀

오직 나는 주의 풍성한 사랑을 힘입어 주의 집에 들어가
주를 경외함으로 성전을 향하여 예배하리이다
시편 5편 7절

또 마음을 다하고 지혜를 다하고 힘을 다하여 하나님을 사랑하는 것과
또 이웃을 자기 자신과 같이 사랑하는 것이
전체로 드리는 모든 번제물과 기타 제물보다 나으니이다
마가복음 12장 33절

선한 사람은 마음에 쌓은 선에서 선을 내고
악한 자는 그 쌓은 악에서 악을 내나니
이는 마음에 가득한 것을 입으로 말함이니라
누가복음 6장 45절

년   월   일

나의 손글씨로 따라 써 보세요

사랑하는 손자녀가
자신을 지으시고 이 땅에 태어나게 하신
창조주 하나님을 경외하게 하소서.

이 세상 그 무엇보다 하나님을 사랑하고
찬양하고 예배하는 일에 최우선을 두게 하소서.
마음과 뜻과 힘을 다하여 하나님을 사랑하고
그 사랑을 다른 것에 빼앗기지 않게 하소서.

하나님 사랑과 이웃 사랑에 균형을 이루어
주님의 십자가를 따르는 삶을 살게 하소서.
선한 마음과 복된 입술로 이웃을 섬기는
예수님의 작은 제자가 되게 하소서.

나 자신만 바라보는 제한된 시야를 벗어나
온누리를 다스리시는 주님을 바라보며
세계와 열방을 품는 뜨거운 사명자가 되게 하소서.

영생을 선물로 주신
예수님의 이름으로 기도합니다. 아멘.

나의 손글씨로 따라 써 보세요

27. 하나님의 전신 갑주를 입는 손자녀

어떤 사람은 병거, 어떤 사람은 말을 의지하나
우리는 여호와 우리 하나님의 이름을 자랑하리로다
시편 20편 7절

믿음의 선한 싸움을 싸우라 영생을 취하라
이를 위하여 네가 부르심을 받았고
많은 증인 앞에서 선한 증언을 하였도다
디모데전서 6장 12절

이제 후로는 나를 위하여 의의 면류관이 예비되었으므로
주 곧 의로우신 재판장이 그 날에 내게 주실 것이며
내게만 아니라 주의 나타나심을 사모하는 모든 자에게도니라
디모데후서 4장 8절

년   월   일

나의 손글씨로 따라 써 보세요

완악하고 패역한 문화가
우리를 짓누르는 것 같은 이 세상에서
하나님의 전신 갑주를 힘입는
사랑하는 손자녀가 되게 하소서.

영적 분별력을 허락하셔서
믿음의 선한 싸움에서 승리를 경험하게 하소서.
믿음의 싸움은 하나님 손에 달려 있음을 고백하며
날마다 공급하시고 도우시는 하나님 손길을 만나게 하소서.

일상에서 작은 승리들을 맛보며
큰 영적 전투에서도 넘어지지 않고 요동하지 않아
달려갈 길을 마치고 믿음을 지키게 하소서.

마침내 의의 면류관이
예비되어 있음을 바라보며
하나님만을 사모하는 믿음의 일꾼 되게 하소서.

필요한 전신 갑주를 모두 채워 주시는
대장 되신 예수님의 이름으로 기도합니다. 아멘.

나의 손글씨로 따라 써 보세요

28. 진리의 허리띠를 굳게 맨 손자녀

아이 사무엘이 점점 자라매 여호와와 사람들에게 은총을 더욱 받더라
사무엘상 2장 26절

주의 진리로 나를 지도하시고 교훈하소서
주는 내 구원의 하나님이시니 내가 종일 주를 기다리나이다
시편 25편 5절

여호와의 인자와 긍휼이 무궁하시므로 우리가 진멸되지 아니함이니이다
이것들이 아침마다 새로우니 주의 성실하심이 크시도소이다
예레미야애가 3장 22-23절

년 월 일

나의 손글씨로 따라 써 보세요

사랑하는 손자녀가
새로운 아침을 맞이할 때마다
하나님을 의지하며 신뢰하는 마음을 부어 주소서.

진리의 허리띠를 굳게 매어
하나님이 부르실 때 언제나 '아멘'으로 화답하게 하시고,
사무엘처럼 하나님께 더욱 가까이 나가는
반석 같은 믿음으로 빚어 주소서.

거짓과 탐욕이 가득한 세상에서
진리의 허리띠로 무장하여
악한 영의 거짓과 속임수에 넘어지지 않도록 인도하소서.

선한 일에는 빠른 결단으로 나아가게 하시고
미혹의 상황에서는 분별하여
걸음을 멈추게 하셔서
온전한 믿음의 반석 위에 세워지게 하소서.

은혜와 진리이신
예수님의 이름으로 기도합니다. 아멘.

나의 손글씨로 따라 써 보세요

29. 의의 호심경으로 견고한 손자녀

여호와를 경외하는 자에게는 견고한 의뢰가 있나니
그 자녀들에게 피난처가 있으리라
잠언 14장 26절

아무 것도 염려하지 말고 다만 모든 일에 기도와 간구로,
너희 구할 것을 감사함으로 하나님께 아뢰라
그리하면 모든 지각에 뛰어난 하나님의 평강이
그리스도 예수 안에서 너희 마음과 생각을 지키시리라
빌립보서 4장 6-7절

이 모든 일에 전심 전력하여
너의 성숙함을 모든 사람에게 나타나게 하라
디모데전서 4장 15절

년   월   일

나의 손글씨로 따라 써 보세요

사랑하는 손자녀의
모든 상황과 형편을 잘 아시는 하나님,
견고하고 단단한 바위 위에 손자녀를 붙들어 주시고
흔들리지 않고 중심을 잡는 삶이 되게 하소서.

의의 호심경을 손자녀의 마음 판에 붙임으로
사탄의 어떠한 거짓된 공격도
막을 수 있는 의연함을 주소서.

손자녀에게 두려운 마음이나 생각이 찾아올 때도
모든 지각에 뛰어나신 하나님의 평강이
그리스도 예수 안에서 끝까지 인도하심을 믿고 고백하게 하소서.

다윗이 골리앗 앞에서 두려운 마음이 아니라
하나님의 의로움으로 가득 채운 것처럼
결코 뒤돌아서거나 물러서지 않는
믿음의 사람, 담대한 사람, 열정의 사람이 되게 하소서.

언제나 지키시고 보호하시는
예수님의 이름으로 기도합니다. 아멘.

나의 손글씨로 따라 써 보세요

30. 평안의 복음이 준비한 신을 신은 손자녀

사람이 마음으로 자기의 길을 계획할지라도
그의 걸음을 인도하시는 이는 여호와시니라
잠언 16장 9절

그러므로 너희는 하나님이 택하사 거룩하고 사랑 받는 자처럼
긍휼과 자비와 겸손과 온유와 오래 참음을 옷 입고
골로새서 3장 12절

화평하게 하는 자는 복이 있나니
그들이 하나님의 아들이라 일컬음을 받을 것임이요
마태복음 5장 9절

년   월   일

나의 손글씨로 따라 써 보세요

사랑하는 손자녀가
하나님이 동행해 주심을 경험하며
주님 뜻에 순종하여 힘차게 걸어가는 담력을 주소서.
단단하고 견고한 능력과 사랑으로
손자녀의 여정을 붙드시고 책임져 주소서.

평안의 복음을 전파하는 발걸음이 되게 하시고
믿음의 행진처럼 기쁨과 감격이 넘치게 하시며
좋은 소식을 전하는 아름답고 멋진 발이 되게 하소서.

하나님과의 화평을 먼저 이루며 이웃과 화평하게 하소서.
평화를 위해 담대하게 앞장서며
때로는 겸손하게 낮출 수 있는
균형을 가진 주님의 사람이 되게 하소서.

평생 주님 안에서 참된 평안을 누리며
모든 것이 주님의 은혜임을 널리 선포하는
복음의 사람으로 인도하소서.
복된 소식을 증거하게 하시는
예수님의 이름으로 기도합니다. 아멘.

나의 손글씨로 따라 써 보세요

31. 믿음의 방패로 든든한 손자녀

내 영혼아 네가 어찌하여 낙심하며
어찌하여 내 속에서 불안해 하는가
너는 하나님께 소망을 두라
나는 그가 나타나 도우심으로 말미암아
내 하나님을 여전히 찬송하리로다
시편 42편 11절

하나님의 말씀은 다 순전하며
하나님은 그를 의지하는 자의 방패시니라
잠언 30장 5절

그러나 무릇 여호와를 의지하며
여호와를 의뢰하는 그 사람은 복을 받을 것이라
예레미야 17장 7절

년   월   일

나의 손글씨로 따라 써 보세요

사랑하는 손자녀에게
세상의 유혹과 공격을 피할 수 있는 힘을 주시고
믿음의 방어벽으로 넉넉히 막아내게 하소서.

혼탁한 세상에서 진리를 지키는 의로움을 품어
이단과 같은 잘못된 교리를 정확히 분별함으로
예수님을 믿는 도리가 흔들리지 않고
날마다 굳건하게 세워지게 하소서.

손자녀의 삶에 찾아오는 어려운 상황과
시련을 능히 이겨내게 하소서.
의심이 밀려올 때는 진리를 붙들어
믿음의 선한 싸움에서 승리하도록 인도하소서.

창조주 하나님을 믿음으로 고백하며
논리와 이성을 뛰어넘는 하나님의 섭리 앞에
자신의 의지와 마음을 다 드리게 하소서.

모든 것을 이기게 하시며, 승리의 이유이신
예수님의 이름으로 기도합니다. 아멘.

나의 손글씨로 따라 써 보세요

32. 구원의 투구를 쓴 손자녀

우리가 시작할 때에 확신한 것을 끝까지 견고히 잡고 있으면
그리스도와 함께 참여한 자가 되리라
히브리서 3장 14절

그 너비와 길이와 높이와 깊이가 어떠함을 깨달아
하나님의 모든 충만하신 것으로
너희에게 충만하게 하시기를 구하노라
에베소서 3장 19절

이는 우리가 이제부터 어린 아이가 되지 아니하여
사람의 속임수와 간사한 유혹에 빠져
온갖 교훈의 풍조에 밀려 요동하지 않게 하려 함이라
에베소서 4장 14절

년   월   일

나의 손글씨로 따라 써 보세요

사랑하는 손자녀의
생각과 판단을 이끄시는 하나님,
하나님을 멀리하는 세상의 문화와
진리를 끊임없이 흔들려는 속임수 가운데서도
보호하시는 주님의 손길을 허락하여 주소서.

손자녀의 지혜와 생각이 자라고 넓어질 때마다
하나님을 향한 지혜와 총명도 깊어지게 하셔서
구원의 확신이 점점 더 견고해지게 하소서.

때로는 악인들이 승리하고 불의함이 세상을 덮는 것 같을지라도
하나님이 허락하신 구원의 약속을 굳게 믿으며
믿음의 자리, 은혜의 자리를 끝까지 지키게 하소서.

육신의 일이 아니라 성령의 일을 따르게 하셔서,
하나님을 기쁘시게 하는 일들을 날마다 행함으로
세상이 줄 수 없는 생명과 평안을 누리게 하소서.

구원의 기쁨과 감격을 허락하시는
예수님의 이름으로 기도합니다. 아멘.

나의 손글씨로 따라 써 보세요

33. 성령의 검을 가진 손자녀

내가 내 언약을 나와 너 및 네 대대 후손 사이에 세워서
영원한 언약을 삼고 너와 네 후손의 하나님이 되리라
창세기 17장 7절

주의 존귀하고 영광스러운 위엄과 주의 기이한 일들을
나는 작은 소리로 읊조리리이다
시편 145편 5절

하나님과 우리 주 예수를 앎으로
은혜와 평강이 너희에게 더욱 많을지어다
베드로후서 1장 2절

년　월　일

나의 손글씨로 따라 써 보세요

사랑하는 손자녀가
날마다 말씀을 붙잡고 승리하게 하소서.

악한 영의 유혹을 말씀으로 물리치신 예수님처럼
말씀이 가장 강력한 삶의 무기이자 안내자가 되어
좌우에 날 선 예리한 검처럼 지키시고 보호하여 주소서.

말씀을 대할 때, 듣는 마음을 허락하시고
말씀을 볼 때, 이해하고 깨닫게 하시고
말씀을 암송할 때, 심령에 기록되어
평생 말씀 앞에 순종하는 삶이 되게 하소서.

삶의 경험이 풍성해질수록
말씀을 따라 사는 삶이 얼마나 위대한지
말씀을 선포하는 것이 얼마나 큰 힘이 되는지
말씀을 믿는 것이 왜 가장 놀라운 은혜인지
손자녀의 입술과 삶으로 고백하게 하소서.

말씀이 육신이 되어 우리 가운데 거하시는
예수님의 이름으로 기도합니다. 아멘.

나의 손글씨로 따라 써 보세요

34. 여호와가 목자이심을 고백하는 손자녀

여호와께서 강한 손과 편 팔과 큰 위엄과 이적과 기사로
우리를 애굽에서 인도하여 내시고
신명기 26장 8절

여호와는 나의 목자시니 내게 부족함이 없으리로다
시편 23편 1절

젊은 사자는 궁핍하여 주릴지라도
여호와를 찾는 자는 모든 좋은 것에 부족함이 없으리로다
시편 34편 10절

년   월   일

나의 손글씨로 따라 써 보세요

사랑하는 손자녀에게
어떤 상황과 형편에서도 변함없는 사랑과 자비를
베풀어 주시니 감사를 드립니다.

손자녀의 삶 평생에 선한 목자가 되어 주셔서
갈 길을 알지 못해 방황하지 않게 하소서.

필요할 때마다 공급해 주시는 하나님을 만나고
따스한 손길로 안아 주심을 느끼며
언제나 사랑으로 받아 주시는 손길을 경험하게 하소서.

양은 목자를 따를 때만 살아갈 수 있사오니
예수님의 음성을 들으며
주님의 선하신 길을 온전히 따르게 하시고
안전한 길로 걷게 하소서.
여호와는 나의 목자시니 부족함이 없다는 생명의 고백이
손자녀의 삶 곳곳에서 흘러나오게 하소서.

참된 목자시며 부족함이 없는 길로 인도하시는
예수님의 이름으로 기도합니다. 아멘.

나의 손글씨로 따라 써 보세요

35. 쉴 만한 물가로 인도받는 손자녀

여호와의 율법은 완전하여 영혼을 소성시키며

여호와의 증거는 확실하여 우둔한 자를 지혜롭게 하며

시편 19편 7절

여호와는 나의 요새이시요

나의 하나님은 내가 피할 반석이시라

시편 94편 22절

나를 믿는 자는 성경에 이름과 같이

그 배에서 생수의 강이 흘러나오리라 하시니

요한복음 7장 38절

년   월   일

나의 손글씨로 따라 써 보세요

사랑하는 손자녀가
광야를 만날 때 뜨거운 햇빛을 피하게 하시며
거친 세상에서 갈급한 영혼을 채워 주소서.
영원히 목마르지 않을 생수를 공급해 주셔서
다시 일어날 수 있는 능력을 허락하소서.

손자녀가 지칠 때 피난처가 되어 주셔서
그 어느 곳보다 안전하고 평온한 거처인
포근한 주님의 날개 그늘 밑에 거하며
세상이 알 수 없는 평안을 누리게 하소서.

푸른 풀밭과 쉴만한 물가로 인도하실 때
순종하며 따라가는 선한 마음을 주시고
그 길을 신뢰하며 의지하는 손자녀가 되게 하소서.

신실하시고 변함없으신 하나님이 모든 환난을 면케 하심을
믿음으로 바라보게 하소서.

참된 안식과 평안을 주시는
예수님의 이름으로 기도합니다. 아멘.

나의 손글씨로 따라 써 보세요

36. 영혼이 소생하는 은혜를 경험하는 손자녀

내 영혼을 소생시키시고
자기 이름을 위하여 의의 길로 인도하시는도다
시편 23편 3절

주의 구원의 즐거움을 내게 회복시켜 주시고
자원하는 심령을 주사 나를 붙드소서
시편 51편 12절

곧 너와 네 아들과 네 손자들이
평생에 네 하나님 여호와를 경외하며
내가 너희에게 명한 그 모든 규례와 명령을 지키게 하기 위한 것이며
또 네 날을 장구하게 하기 위한 것이라
신명기 6장 2절

년   월   일

나의 손글씨로 따라 써 보세요

사랑하는 손자녀가
전인격적인 강건함을 덧입게 하셔서
마음과 몸과 생각과 인격이
주님의 모습을 닮게 하소서.

지치고 힘든 상황을 맞이할 때마다
하나님이 공급해 주시는 힘을 의지하여
다시 일어서고 회복하는 능력을 허락해 주소서.

새로운 일을 도전하려고 결심할 때
손자녀 앞에 있는 경주를 인내로써 감당하는
기쁨과 감격으로 인도하소서.

죄악의 길에서는 빠르게 벗어나게 하시고
유혹의 자리에서는 돌아설 용기를 주셔서
영혼이 잘되고 범사에 강건함이 넘치게 하소서.
올바른 길과 의로운 삶이 무엇인지 깨닫게 하소서.

다시 일어서게 하시며 새롭고 산 길이 되시는
예수님의 이름으로 기도합니다. 아멘.

나의 손글씨로 따라 써 보세요

37. 주의 지팡이와 막대기가 안위하시는 손자녀

내가 사망의 음침한 골짜기로 다닐지라도
해를 두려워하지 않을 것은 주께서 나와 함께 하심이라
주의 지팡이와 막대기가 나를 안위하시나이다
시편 23편 4절

생각하건대 현재의 고난은
장차 우리에게 나타날 영광과 비교할 수 없도다
로마서 8장 18절

주께서 나를 모든 악한 일에서 건져내시고
또 그의 천국에 들어가도록 구원하시리니
그에게 영광이 세세무궁토록 있을지어다 아멘
디모데후서 4장 18절

년   월   일

나의 손글씨로 따라 써 보세요

사랑하는 손자녀가
어느 곳에 있든지 무엇을 하든지
두려움이 아닌, 능력과 사랑과 절제하는 마음으로 가득한
삶의 여정을 허락하여 주소서.

구원의 기쁨과 감격을 날마다 더하셔서
손자녀의 현재 상황이 아무리 어렵고 힘들지라도
장차 나타날 영광과는 비교할 수 없음을 고백하며
마침내 승리와 구원의 노래를 부르게 하소서.

불안과 염려가 찾아와도 결코 두려워하지 않으며
다윗처럼 주님이 함께하심을 고백하게 하셔서
자존감과 긍정적인 태도가 앞서게 인도하소서.

주님의 지팡이가 가장 선한 길로 인도하시며
주님의 막대기가 가장 안전한 길로 보호하심을
온전히 신뢰하며 믿음으로 선포하게 하소서.

우리의 기도에 응답하시며 오른손으로 구원하시는
예수님의 이름으로 기도합니다. 아멘.

나의 손글씨로 따라 써 보세요

38. 잔의 기름이 넘치는 손자녀

우리가 너의 승리로 말미암아 개가를 부르며
우리 하나님의 이름으로 우리의 깃발을 세우리니
여호와께서 네 모든 기도를 이루어 주시기를 원하노라
시편 20편 5절

주께서 내 원수의 목전에서 내게 상을 차려 주시고
기름을 내 머리에 부으셨으니 내 잔이 넘치나이다
시편 23편 5절

볼지어다 내가 네 앞에 열린 문을 두었으되 능히 닫을 사람이 없으리라
내가 네 행위를 아노니 네가 작은 능력을 가지고서도 내 말을 지키며
내 이름을 배반하지 아니하였도다
요한계시록 3장 8절

년   월   일

나의 손글씨로 따라 써 보세요

사랑하는 손자녀를
선하게 이끄시는 하나님,
날마다 은혜와 사랑을 베풀어 주시고
자비와 긍휼로 안아 주심에 감사합니다.

손자녀에게 굳건한 믿음을 주셔서
참된 목자이신 하나님이 주실 승리를 믿게 하시고
부정적인 소리와 거짓의 말을 물리치고
하나님의 승리가 나의 승리임을 외치게 하소서.

예수님이 악한 영과 원수의 시험을
말씀으로 능히 이기신 것처럼
하나님만을 믿음으로 의지하게 하소서.

하나님께 받은 넘치는 사랑이 손자녀에게만 머물지 않고
이웃과 도움이 필요한 사람들에게
아름답게 흘러가게 인도하소서.

우리를 사랑하사 존귀한 자녀로 불러 주신
예수님의 이름으로 기도합니다. 아멘.

나의 손글씨로 따라 써 보세요

39. 평생에 선하심과 인자하심이 따르는 손자녀

평생에 자기 옆에 두고 읽어

그의 하나님 여호와 경외하기를 배우며

이 율법의 모든 말과 이 규례를 지켜 행할 것이라

신명기 17장 19절

그의 성호를 자랑하라

여호와를 구하는 자마다 마음이 즐거울지로다

역대상 16장 10절

너희의 믿음의 역사와 사랑의 수고와

우리 주 예수 그리스도에 대한 소망의 인내를

우리 하나님 아버지 앞에서 끊임없이 기억함이니

데살로니가전서 1장 3절

년   월   일

나의 손글씨로 따라 써 보세요

선한 목자이신 하나님,
손자녀를 가장 안전하고 좋은 길로 인도하시고
풍성한 은혜로 채우시니 감사합니다.

다윗의 평생을 책임지시고 이끌어 주신 것처럼
아버지 하나님의 거룩하신 오른손과 팔로
때로는 강하게, 때로는 자상하게 이끌어 주소서.

미래에 대한 소망과 기대가 불투명한 시대에
손자녀의 모든 것을 아시고 이끄시는
하나님을 향한 견고한 믿음이 자리 잡게 하소서.

하나님의 이름을 노래할 때마다
선하신 주님, 좋으신 주님, 친절하신 주님을 느끼고
하나님의 은혜를 감사할 때마다
사랑이 많으신 주님, 나를 잘 아시는 주님을
믿음의 입술로 고백하게 하소서.

선하시고 인자하신
예수님의 이름으로 기도합니다. 아멘.

나의 손글씨로 따라 써 보세요

40. 여호와의 집에 영원히 거하는 손자녀

네가 들어와도 복을 받고 나가도 복을 받을 것이니라
신명기 28장 6절

내가 여호와께 바라는 한 가지 일 그것을 구하리니
곧 내가 내 평생에 여호와의 집에 살면서
여호와의 아름다움을 바라보며 그의 성전에서 사모하는 그것이라
시편 27편 4절

우리가 이 보배를 질그릇에 가졌으니
이는 심히 큰 능력은 하나님께 있고
우리에게 있지 아니함을 알게 하려 함이라
고린도후서 4장 7절

년　월　일

나의 손글씨로 따라 써 보세요

사랑하는 손자녀를
친밀하게 돌보시고 품에 안아 주시는
따스한 은총에 감사를 드립니다.

손자녀가 들어오고 나오는 수많은 공간에서
하나님의 선하신 동행을 경험하며
들어와도 복을 받고 나가도 복을 받게 하소서.

세상에서 가정으로 들어올 때 아버지의 품과 같은
평안과 회복을 경험하게 하시고
복잡했던 생각과 요동치던 감정이 정돈되어
감사로 하루를 마무리하도록 인도하소서.

아버지의 집을 사모하며
마침내 다윗처럼 여호와의 집에 영원히 거하는 소망을 품고
하나님의 역사를 기대하고 하나님의 은혜에 감격하는
향기롭고 보배로운 예배자로 영원히 살게 하소서.

우리를 가장 좋은 아버지의 집으로 초대하시는
예수님의 이름으로 기도합니다. 아멘.

나의 손글씨로 따라 써 보세요

더 드리는 나의 기도

사명선언문

너희가 흠이 없고 순전하여……세상에서 그들 가운데 빛들로
나타내며 생명의 말씀을 밝혀 _ 빌 2:15-16

1. 생명을 담겠습니다
만드는 책에 주님 주신 생명을 담겠습니다.
그 책으로 복음을 선포하겠습니다.

2. 말씀을 밝히겠습니다
생명의 근본은 말씀입니다.
말씀을 밝혀 성도와 교회의 성장을 돕겠습니다.

3. 빛이 되겠습니다
시대와 영혼의 어두움을 밝혀 주님 앞으로 이끄는
빛이 되는 책을 만들겠습니다.

4. 순전히 행하겠습니다
책을 만들고 전하는 일과 경영하는 일에 부끄러움이 없는
정직함으로 행하겠습니다.

5. 끝까지 전파하겠습니다
모든 사람에게, 땅 끝까지, 주님 오시는 그날까지
복음을 전하는 사명을 다하겠습니다.

서점 안내

광화문점	서울시 종로구 새문안로 69 구세군회관 1층 02)737-2288 / 02)737-4623(F)
강남점	서울시 서초구 신반포로 177 반포쇼핑타운 3동 2층 02)595-1211 / 02)595-3549(F)
구로점	서울시 동작구 시흥대로 602, 3층 302호 02)858-8744 / 02)838-0653(F)
노원점	서울시 노원구 동일로 1366 삼봉빌딩 지하 1층 02)938-7979 / 02)3391-6169(F)
일산점	경기도 고양시 일산서구 중앙로 1391 레이크타운 지하 1층 031)916-8787 / 031)916-8788(F)
의정부점	경기도 의정부시 청사로47번길 12 성산타워 3층 031)845-0600 / 031)852-6930(F)
인터넷서점	www.lifebook.co.kr